AMAYA BLANCO

LA TINTA DE LA LUZ

XXIII PREMIO NACIONAL DE POESÍA
«CIEGA DE MANZANARES» 2024

AYUNTAMIENTO DE MANZANARES

HUERGA & FIERRO editores

Un jurado presidido por Dña. María Ángeles Pérez López, integrado como vocales D. Cristóbal López de la Manzanara Cano, poeta y escritor, y por D. Manuel Laespada Vizcaíno, poeta y escritor, y actuando como secretario D. Manuel Alises Simón, Técnico de Cultura del Excmo. Ayuntamiento de Manzanares, otorgó por unanimidad, el XXIII Premio Nacional de Poesía "Ciega de Manzanares", patrocinado por el Excmo. Ayuntamiento de Manzanares, al libro titulado: LA TINTA DE LA LUZ. Una vez abierta la plica, resultó ser su autora Amaya Blanco

HUERGA Y FIERRO EDITORES, S. L. U.
C/ SEBASTIÁN HERRERA, 9
28012 MADRID (ESPAÑA)
TELÉFONO: 91 467 63 61
E. MAIL: huerga@huergayfierro.com
WEB: www.huergayfierro.com

PRIMERA EDICIÓN
2025

DEPÓSITO LEGAL: M-22466-2025 - I. S. B. N.: 979-13-990934-4-5
IMPRESO EN ROMADAC INDUSTRIA DEL LIBRO
IMPRESO EN ESPAÑA

Prólogo

HACIA EL DRAGÓN DORADO. LA METAMORFOSIS DE LA CARPA KOI

Como quien sigue el rastro de la luz, o el trazo del ala en su ascenso, así andará quien siga la llamada que despliega el libro que tiene en sus manos. Los poemas de Amaya Blanco son toda una guía espiritual (según caracterizó este género María Zambrano) que señala un itinerario, a semejanza de los místicos (de Rumi a Santa Teresa). De hecho, el libro consta de cuatro partes, tomando las tres primeras su nombre de las tres vías místicas: "purgatio", "illuminatio", "unificatio". A ellas une una cuarta parte final: "constantia". Las citas que jalonan los poemas nos muestran a los maestros con quienes se encuentra en diálogo la autora: Jibran Khalil Jibran, Farid Ud-Din Attar, San Juan de la Cruz... La base unificadora de todas estas trayectorias místicas parece encontrarse en Bahá'u'lláh, cuyas citas abren y cierran el libro. De él procede el título del libro (la tinta de la luz), oxímoron que recuerda el símbolo de la luz de tinieblas y pone ante nosotros el camino que la palabra recorre (a veces a través de la noche) llamada por la luz.

De este modo, la obra que tiene el lector se enmarca en la corriente poética órfica que atraviesa la poesía occidental durante toda la modernidad y que unifica poesía y mística, como vías de acceso a la trascendencia. Así se observa en quienes parecen sus principales influencias: José Ángel Valente, Andrés Sánchez Robayna y, sobre todo, Clara Janés. Se trata de una poética principalmente simbolista, según se manifiesta en el desarrollo de los poemas.

Un vistazo a los títulos de las composiciones nos revela una geografía alegórica. Como en El coloquio de los pájaros *de Farid Ud-Din Attar, en el que el pájaro abubilla convence al resto de las aves para que viajen en busca del rey Simurg, atravesando los siete valles, el lector (llevado por el canto de Amaya Blanco)* va cruzando también los siete valles: "Valle de la búsqueda", "Valle del amor", "Valle del conocimiento", "Valle de la separación", "Valle de la unidad", "Valle del asombro", "Valle de la nada absoluta". Observamos cómo los espacios naturales se convierten en coordenadas del proceso espiritual, en mapa que guía a la iniciada. Este procedimiento alegórico de espacialización de lo interior (habitual en la mística, como en las moradas teresianas) se extiende por todo el libro: "desierto de la unicidad", "Patria de los amantes", "Morada del Pez Koi". El viaje espiritual tiene sus estancias, que activan o dan pistas sobre actitudes o hábitos necesarios en el camino, activan energías o indican direcciones en el mismo, alentando en los momentos de dificultad o errancia. Por ello también estas virtudes cobran cuerpo en forma alegórica en otros títulos de poemas: "Alas del anhelo", "Corcel de la paciencia", "Paloma de la certeza". El camino está lleno de oscuridad y es necesario una guía, porque, como indica la cita de Jibran, "no se puede llegar al alba / sino por el sendero de la noche".

No se trata, como venimos indicando, de un viaje exterior, sino interior. El libro se muestra como un camino interior que encuentra su forma adecuada en una poesía de la meditación (que, lógicamente, estalla en canto arrebatado en determinados momentos extáticos). Ya el primer poema de la obra parte de la meditación, como podemos ver en la observación atenta del yo, el coloquio con la imagen interior, en el silencio, con los ojos cerrados, cuidando la respiración... De este modo, llegamos ante la puerta de una revelación (un "anuncio" que no llega). Es la llamada inicial a la búsqueda, esa aparición-desaparición que suscita el deseo: "Y yo estoy aprendiendo / a desnudar mi cuerpo de las horas / y a escuchar a los pájaros". Es necesario un camino interior, un viaje de despojamiento y escucha para poder llegar a la unidad.

A partir de aquí, todo el libro es un movimiento de adentramiento meditativo, como se observa en poemas de la penúltima parte, como "Valle del asombro": "A oscuras puedo oír / el ruido de los sueños tras los párpados / de los niños feroces / el trajín que acontece en la luz extinguida / el trazo de las carpas en el río". O se confirma en "Plegaria": "Hablan cosas / que se contemplan sólo / con los ojos cerrados". Precisamente en este poema, sobre la oración y su poder transformador, asistimos a la fuerza creadora de la palabra, camino de trascendencia que tiene lugar en el interior ("no está fuera la dicha"): "Las letras, si las canto / se elevan en el cielo y tejen / ¿qué tejen? / Crean una mañana (...)".

Pero la llamada del primer poema desinstala, punza, pone en movimiento al yo poético, de donde nace la pregunta (como en San Juan —"Adónde te escondiste"—), la perplejidad y el no—saber (así se observa en los poemas segundo y tercero del libro). Es el movimiento del deseo o el anhelo que suscita la belleza. La poeta se ha lanzado a la búsqueda de lo imposible, de lo infinito, que escapa siempre al lenguaje (esa "cortedad del decir" de la que hablaba José Ángel Valente). Esta búsqueda tiene lugar, al igual que en la tradición mística (desde el "Cántico espiritual" a Los secretos del bosque) en la naturaleza: "así te busco / cuestionando a los seres / y al bosque /preguntando a los pozos". La atracción ("fascinans") de la belleza hace superar el temor y el temblor ("hojas temblorosas") que la muerte y el vacío suscitan en el recorrido, haciendo dudar en ocasiones a la iniciada.

Es la contemplación (esa necesidad de cultivar la atención —"si me fijo"—) de los ritmos de la naturaleza, la que permite ir de lo visible (la "nervadura") a lo invisible, percibir el tejido de lo real y su través (como sucede en "Filigrana"). Hay toda una flora en el libro: ficus, sauces, cerezo, jacaranda, castaño...Este proceso de atención y búsqueda permite abrir un claro (siempre María Zambrano atrás) para poder ser "aljibe de luz".

Esta se enseñorea de la segunda sección ("Illuminatio"), que marca la ruptura con aquello que aprisiona ("quebrar jaulas de luz", "la rigidez", "dejar en la cuneta", "apisonadoras", "juicios", "lo caduco") para marchar al encuentro con la luz. Ella es la protagonista absoluta, que indica, señala, muestra. Es el camino, es la guía, viene del cielo, pero también "está en el fondo de las cosas". Pues siendo lo más trascendente es al mismo tiempo lo más inmanente ("intimior intimo meo" —decía San Agustín—).

Por ello, los poemas "Corazón del átomo" o "Sombra de la esencia" nos hablan de un dentro, de un más allá de lo visible.

Hermana de la luz es el alma: de ahí proceden los símbolos de vuelo que jalonan todo el libro, a través de las aves: gorriones, mirlos, pájaros, o abubilla (como en el libro de Attar). Ellos marcan el impulso ascensional del libro: "Yo quiero que me absorban las raíces / y subir por el tallo hasta la copa / para que esta rosa me conceda / ser parte de lo único que asciende / que sale de este círculo infinito / y se eleva hacia el reino invisible".

Esta elevación conduce al momento extático, de identificación entre la iniciada y la luz ("luz en la luz"), momento de dicha y asombro, de absoluto sobrepasamiento, sobreabundancia o exceso ("diluvio de la luz", luz que "ciega"), que rompe la tela de la separación, alcanzándose la visión ("y me hizo ver"). De ahí los símbolos místicos que encontramos en la sección: "palacio", "morada", la "alberca dorada / del vacío".

La parte tercera ("Unificatio") abunda en los rasgos extáticos. La unificación lleva a la reunión completa, de todos los seres, todos los tiempos y espacios: "Al final: / todos / acabamos flotando / en una misma agua, / bebiendo / de una misma luz". Para llegar a este punto, es necesario el deshacimiento del yo, el abandono (o pasividad) en manos de la luz hasta alcanzar la unión en esa luz. El verso se adelgaza y abundan las paradojas místicas para expresar esta suma trascendencia que es suma inmanencia, ser y no-ser, que lo supera todo en la "coincidentia oppositorum", rasgo (como es sabido) de lo sagrado. Así se observa en "Santuario del amigo": "una presencia llena de todas las ausencias, / un no-cuerpo invisible / del color de la sábana / con que a veces se cubren / las montañas los hombros, / un todo hecho de nada / que parece estar fuera / pero que nunca había estado más adentro (...)". En el momento del éxtasis, se ha llegado al punto en el que desaparece toda contradicción, el punto que todo lo abraza, aun aquello que parece lejano, opuesto o imposible: "Dónde sin donde / cuándo sin cuando / todos, o sea, uno / en todas partes / la misma / ahora, / es decir, siempre / nunca / aún". En este espacio se han superado todas las limita-

ciones, también las espacio-temporales: "porque no hay lugar / ni tiempo que recorra / no espacio / no dentro / no fuera".

El espacio sagrado, tan presente en el libro ("santuario", "templo"), se une con el eros, pues no en vano el viaje es una búsqueda amorosa, ya que la alteridad muestra (en algunos poemas) un rostro personal ("el amigo"), como sucede en la mística. Pero la unión adquiere igualmente la forma de la penetración de la naturaleza en la morada, que es invadida por el bosque con toda su multiplicidad. Así se ve en el último poema de esta penúltima sección, de título tan zambraniano: "Claro del bosque".

Sin embargo, la unión no dura siempre. Al contrario, son solo instantes de iluminación, tras los que vuelven la monotonía o la oscuridad. Se trata de un proceso iterativo (como señaló José Ángel Valente sobre el "Cántico espiritual") de uniones y separaciones continuas. La amada ha de adentrarse una vez más en la noche para abandonarse, muriendo (a su yo) en el amado. La noche asusta y pesa, pero la palabra del amado debería ser suficiente para infundir esperanza en la dificultad ("Valle de la nada absoluta"). Por ello María Zambrano preside este libro: vivir es un nacimiento continuo (al que precede el abandono de la forma anterior). Esta oscuridad es también la del mal colectivo (las mujeres de Irán) que toca a la escritora.

Por todo lo anterior, la cuarta sección se titula "Constantia", virtud necesaria para no abandonarse en la oscuridad y la decepción, pues las señales negativas acosan a la iniciada: tristeza, vacío, muerte, soledad. En esta parte final encontramos el impulso afirmativo, la esperanza y la fe en medio del desierto y la dificultad. Aparecen los infinitivos, que indican (ante sí misma, ante el lector) el camino que se debe seguir: "siempre he de construir", "creer / (creerlo siempre)", "concentrar la energía", "buscar el nacimiento". Junto a ello, hallamos los mandatos que animan a rechazar prestar atención al mal o dejarse llevar por las señales negativas: "todos son piezas clave del abismo / que tengo que ahuyentar si es que quiero / ser indemne a la noche".

"Si es que quiero...". En efecto, es el querer quien preside el libro. Esta opción por el amor nos lleva a la aparición del amado,

retomando la unión espiritual como la unión erótica de los amantes, lo que se refleja en el empleo de las mayúsculas: "Mi cuerpo, el Tuyo". Esta "Voz" puede perderse u ocultarse en algunos momentos. Y, sin embargo, en medio de la oscuridad, la llamada de la "voz invisible" alienta en la lucha, de modo que la perseverancia en la búsqueda transforma al pez Koi en "dragón dorado", símbolo de la transfiguración mística. La carpa del primer poema se ha convertido en oro y vuelo: en animal celeste. Esta es la transmutación alquímica que se promete a quien persevera en la búsqueda.

Concluye justamente el libro en esta lucha entre la gravedad y la gracia, el impulso ascensional ("mis alas") y el peso, entre el cieno y la luz. Pero la protagonista ha recibido la llamada y allí ha descubierto que su ser es "vocación celeste" y solo puede cumplirse en "este camino hacia la transparencia", a través de una decidida opción por la luz. Adentrémonos con ella en esta búsqueda de conocimiento e iluminación.

Carlos Peinado Elliot
(Universidad de Sevilla)

LA TINTA DE LA LUZ

¡OH HIJO DEL HOMBRE!

Escribe con la tinta de la luz, en la tabla de tu espíritu, todo lo que te hemos revelado. Si no está en tu poder hacerlo, entonces haz tu tinta de la esencia de tu corazón. Si no puedes hacerlo, entonces escribe con aquella tinta carmesí que ha sido derramada en Mi sendero. Esto en verdad me es más grato que todo lo demás, para que su luz perdure por siempre.

Bahá'u'lláh

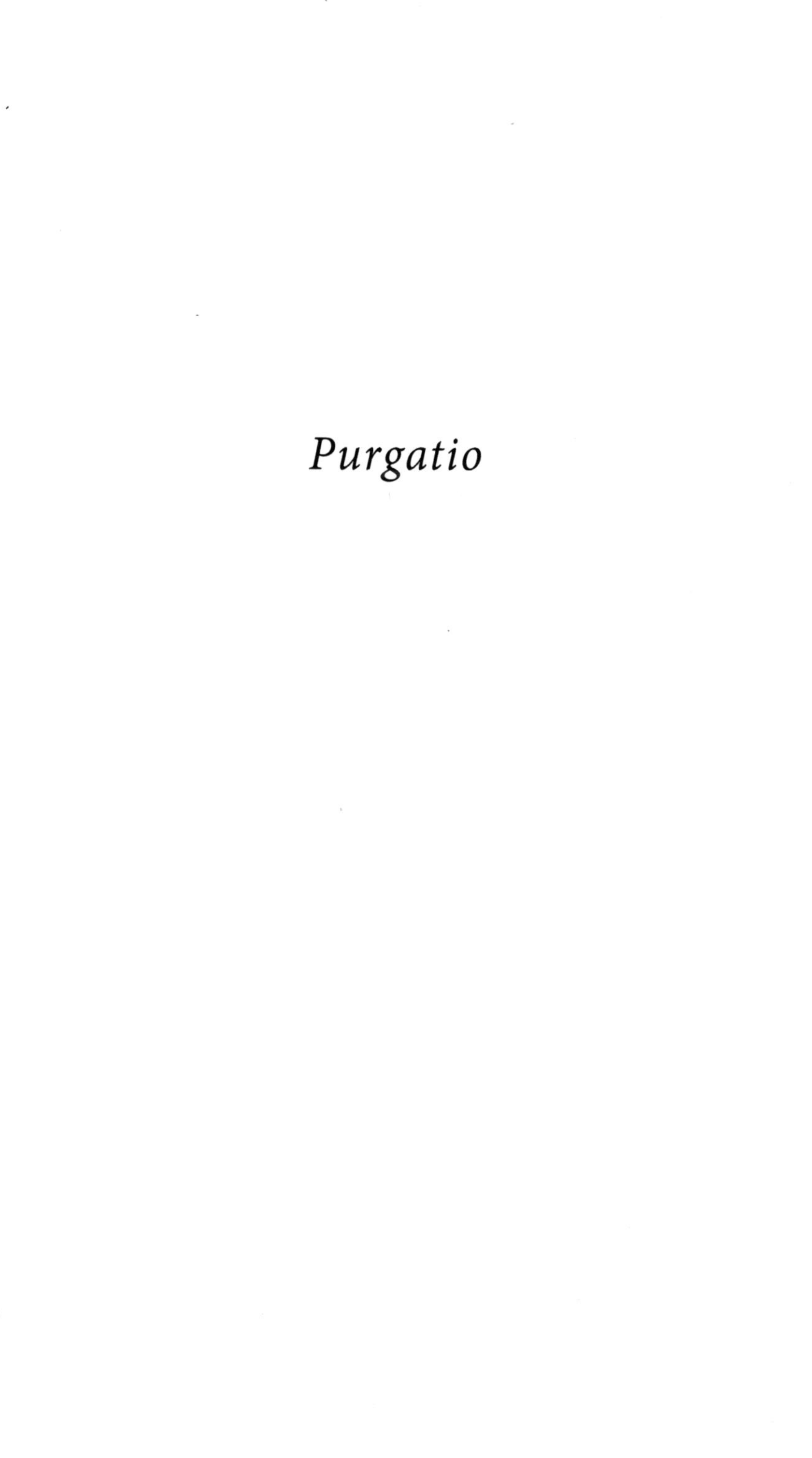

Purgatio

VALLE DE LA BÚSQUEDA

En parte donde nadie parecía
SAN JUAN DE LA CRUZ

Escribo con la tinta de la luz
para luego leer en el libro del yo
pero ¿por qué se vuelven
los trazos invisibles?

Observo, ojos cerrados:
sólo un lago de carpas.
Respiro.
¿Queréis calmaros, peces de mi pecho
y dibujar un trazo que me diga...?
No pretendo enfadaros, no
no me dejéis
sola aquí en el lago que se traga la luz.
¿Qué es todo este silencio de las aguas
donde nada se escribe?

Aquí estáis otra vez
líneas de fuego
no entiendo lo que esboza vuestro viaje
pero existe un anuncio, eso seguro.

Y yo estoy aprendiendo
a desnudar mi cuerpo de las horas
y a escuchar a los pájaros.

CÁLIZ ESCOGIDO

Di: ¿Por qué me entregaste
el vino, las manzanas y la sombra
del palmeral incierto
donde ramas se rinden
y ramas reverdecen
y se pueblan de dátiles?
¿Por qué me regalaste la pitaya
que trepa lentamente entre la noche?
¿Por qué los sauces y por qué sus trinos,
por qué el olor a ficus de la lluvia?
¿Y por qué una abubilla
que habla en otro idioma?

¿Por qué todo creaste
y, en un libro de verbo luminoso,
me dices que lo olvide?

CORTEZA DE LA LUZ

No se puede llegar al alba
sino por el sendero de la noche
JIBRAN KHALIL JIBRAN

¿Alguien sabe lo que hay
entre la nieve
y el agua desnudada?

¿Tan solamente el frío?
¿Qué hay entre la piel
y la mano que quiere una caricia?
¿Solo una vibración?
¿Entre la luz de la campana
y la maza que hace sonar el cielo?
¿Un deseo tan solo?
¿Y qué entre el mar
y la quilla del buque?
¿Sólo un ansia de viaje?
¿Entre el ala del fénix
y la esfera total?
¿Acaso un imposible?
¿Tan solo una promesa
entre la flor
y la náusea del estiércol?

¿Y entre mi ser
y el Ser que me creó?

ALAS DEL ANHELO

Conocer a alguien muerto
un alguien con un algo de infinito
y cuanto más me cuentan
más furioso el anhelo por hablar
con el ser ya invisible...
así te busco
cuestionando a los seres
y al bosque
preguntando a los pozos,
acribillando al cielo
suplicando a la luz
que lo repita:
el susurro que nunca
el que no alcanzo a oír.

PAVURA

Todos pensamos
en el árbol
que cae.
En su fragor
en su vital necrosis
tras la raigambre.
Pero nadie se fija
en el árbol de al lado.
El que contempla
—con hojas temblorosas—
ese vacío.

FILIGRANA

Si me fijo
todo son ligamentos
nervaduras que toman de los frutos
para formar tejidos
—instrumento y cercado—
tejidos que se cruzan
lo mismo que la lana en el telar
aposentan esencias.
Si me fijo
y con los dedos voy
deshaciendo los nudos
lo percibo:
muy por debajo
siempre
otra nervadura.
Como un cesto de esparto
que guarda lo invisible.

VALLE DEL AMOR

Claros del bosque,
aljibes de claridad y de silencio,
templos
MARÍA ZAMBRANO

A lo mejor el claro no se busca
sino que hay que crearlo.
A base de hachazos, de tormentas,
de pérdidas de ríos,
podredumbres,
a base de lombrices
de caídas
de aquello que parece
no más que destrucción
se abre un claro
en el centro más puro del dolor
el vacío se crea
—espacio nuevo—
y todo se dispone para ser
ese aljibe de luz.

PRADERAS DE POSIDONIA

Sensibles a la turbidez
bosques marinos
apenas puedo veros.
Mientras busco horizontes
la inflorescencia surge
en el centro del haz
bajo los mares.
Su fruto es carnoso
aceituna de agua
hasta que se desprende
y al liberarse flota
para soltar su única semilla.
Así ella va poblando
los mundos submarinos
ajenos a la vista
y cambian lo inestable
en refugio.

CORCEL DE LA PACIENCIA

Por más que yo la mire
la planta
no parece medrar.
Es imposible comer de un fruto
que aún no es
pese a que está ocurriendo ahora mismo
tan adelante, aquí, de este presente.
Yo sólo puedo ver el intervalo
el punto entre dos soles
el viaje de la luz
por el río de savia
que gobierna la luna.
Igual que con los hijos
igual que con paisajes interiores
donde crecen de nuevo los ficus y los sauces
por más que lleguen podas y más podas.
No me es posible verlo.
Ellas, sí.
Las plantas pueden ver
cómo su tallo emerge de su tronco
enrollado en el aire
y, a base de plegaria,
conquistan el terreno del vacío.
Pueden verlo ellas sí
porque ellas no lo son:
enemigas del tiempo.

Illuminatio

VALLE DEL CONOCIMIENTO

Hojas podridas
bajo ojos
rompen
el abrazo de átomos
en descomposición.
Nada termina
encuentra nuevas formas
de acunar otra luz
fascinados modelos
desdibujados
urdiendo hechura
como carpas de río
o bronce
bajo mis ojos
como hoja de arce
pierde agua y color
con un único fin:
quebrar jaulas de luz.

MISTERIOS DEL AMIGO

Mis células
llegan a relajarse
si se estiran con calma
con tiempo
de olvidar que no son
la rigidez.
Dejar en la cuneta
el olor a alquitrán
las apisonadoras
o juicios
que intentan anudarme a las esquinas.

Pasado todo
sólo queda el dolor.

Pero el dolor es dulce
cuando escucho el crujido
de lo caduco.

CORAZÓN DEL ÁTOMO

Mira los árboles, las flores, los frutos y hasta las piedras.
También en éstos, derramados sobre ellos, verás los rayos del Sol,
claramente visibles dentro de ellos y puestos de manifiesto por ellos
'ABDU'L-BAHÁ

La luz está en el fondo de las cosas.
Las atraviesa
(se queda dentro).
Anida
brota
sangra
se derrama en su piel.
Si está la luz
incluso
tan dentro de las piedras
en los troncos
¿qué fuego no estará
quemándose en la carne pensadora?
¿Y por qué
habría de apagar esas luciérnagas
con las flores oscuras?

PALOMA DE LA CERTEZA

Más allá de lo que está bien y
lo que está mal se extiende un campo.
Allí nos encontraremos
RUMI

La luz que nadie ve
se aferra a los espacios
con garras microscópicas.
La luz
quiere contarme algo
con lengua de silencio.
Está por todas partes
lanzándome mensajes casi a gritos
como cuando me hablan
de detrás del espejo.
La luz
con sus manos
de agua escaladora
me señala los mármoles
cuchillos
los puntos de sutura
las flores que ya no
en esos excrementos.
Ella no puede hundir
sus manos en el barro
ni cambiarle la tina
a los pájaros mudos.

La luz sólo puede mostrar.

SOMBRA DE LA ESENCIA

Para Luís Andrés

Los árboles
dan por sentado el bosque:
el crochet de la sombra
que se tejen los unos a los otros
los seres diminutos que convierten
toda la muerte en vida
la música que vuela entre las plumas
o la risa insondable de la luz.
Todo lo dan por hecho
pensando
que serán para siempre.

ZORZAL DEL JARDÍN ETERNO

Los gallos han rumiado unos violines
y los gorriones van
—con su bola de plumas—
oxigenando el lienzo de rosas y de azules.
Entretanto hay mirlos
que horadan lo que queda de la noche.
Falta poco,
ya nada
para el diluvio
de luz.

VALLE DE LA SEPARACIÓN

A mi madre

Aquí sopla un viento helado que todo reduce
a una simetría de insignificancias
FARID UD-DIN ATTAR

Cuando la luz me ciega
se convierte en camino.
Un día estuve allí
pero quise volverme
al lado de la escarcha.
Aun así lo recuerdo:
era una lluvia blanca de dicha descosida
la ruptura de todos los diques del asombro
inundación de pétalos, de alas y de cantos
era toda esa agua desbocada
de saltos la que hacía estallar
los átomos, los devolvía al sauce,
al ficus, al cerczo
y me dejaba a mí
luz en la luz.

Pero quise volver
por los ojos azules que lloraban.

CANDILES DEL ESPÍRITU

Había perlas
pero no lo sabía
eran tan invisibles.
Pude haberlas perdido
pude haberlas pisado sin querer
porque estaban ocultas
en una hoja ovalada
bajo un árbol perenne
en el fondo del patio
de mi casa recóndita.
Pero se posó un ave
al filo de la hoja
y todas se reunieron en el centro:

una única perla transparente
qué amplificó su corazón
y me hizo ver.

MORADA EN EL NIDO

No habéis de entender estas Moradas
una en pos de otra, como cosa en hilada,
sino poné los ojos en el centro,
que es la pieza o palacio adonde está el Rey
SANTA TERESA DE JESÚS

El palacio
sólo alberga la luz.
Maestres de geometría
no pueden conservarla
tan solamente pueden consagrarse
a descorazonar su propio espacio
y así la luz se bañe en la alberca
dorada del vacío.

Unificatio

TIEMPO SIN TRÁNSITO

Una mota de polvo se desprende
de una alfombra persa en Bahji.
Asciende y
—en manos de la luz—
sale por la ventana.
Gravita hasta un lugar
en la circunferencia de los rayos
donde atraviesa el tiempo
y aletea
sobre la jacaranda de mi infancia.
Allí el viento la agita
y la hace recorrer
—sin rumbo—
los países.

Así me llega ahora
en el vapor del mar, sobre la isla.
Puedo verla un segundo
antes de entrar
—cuando respiro—
a ser parte de mí.

VALLE DE LA UNIDAD

Inmersa en la ausencia de la luz
lo dejé todo ir
solté las riendas.
Su presencia llegó
desdibujó mis bordes
con una lluvia cálida
y me fue sumergiendo:
yo una
con la luz
yo
el calor
no yo

sólo la luz.

COPAS DE ÉTER

Si todo se transforma
y nada muere nunca
entonces puede ser que tenga un átomo
en el codo o tal vez en la cadera
venido del disfraz de una abubilla del castaño de Phur.
Quién sabe si en mi sangre no circula
ceniza de una uña incinerada
en la fábrica de blusas de Triangle Shirtwaist,
o si entre las membranas de mi boca
no es posible que viva
la célula de un brazo amputado
a una estrella de mar de Costa de Marfil.
Puedo tener pegado en la rodilla
el ácaro de un velo
de aquella mujer persa
llamada Taheréh o llamada Mahsa,
lo mismo que es posible que mis pies
se sostengan con tinta carmesí
que ha sido derramada en Su sendero,
como si en mis huesos hay esquirlas
de los dientes de un oso que no tuvo iceberg
o en mis manos el polvo de un esclavo
vendido en Tombuctú.
Al final:
todos
acabamos flotando
en una misma agua,
bebiendo
de una misma luz.

MURMULLO DE LA FLAUTA

¿Oyes esa música
que cruza como luz la oscuridad
mientras la oscuridad gira
y yo con ella?
CLARA JANÉS

Los árboles no pueden
nunca oyeron el viento
tampoco a la abubilla.
Se mecen en la música
sin saber escucharla.
Ni siquiera aquel ficus
no el que me daba sombra
ni su abuelo, tal vez su bisabuelo,
aquel que perdió hojas en la huerta
donde comí de niña
el que ahora, por fin,
ya oye “esa música”.

SANTUARIO DEL AMIGO

Los samuráis pretenden
guardar su último gesto en terracota
como si nunca el viento.
Pero el viento, él no
entiende de grandezas
ni de decantación.
No hay coloso ni célula que sí
no hay ave ni hay pez
salvo una luz que es sólo
una llama que no
se alimenta de nada de este mundo,
una presencia llena de todas las ausencias,
un no-cuerpo invisible
del color de la sábana
con que a veces se cubren
las montañas los hombros,
un todo hecho de nada
que parece estar fuera
pero que nunca había estado más adentro
tal vez
más en ninguna parte
palpable, encendida
para siempre irrompible
como si nunca el viento.

VALLE DEL ASOMBRO

La luz centellea en los ojos de la noche
MARÍA ZAMBRANO

Porque hay sonidos siempre en el silencio.
A oscuras puedo oír
el ruido de los sueños tras los párpados
de los niños feroces
el trajín que acontece en la luz extinguida
el trazo de las carpas en el río
o el calor de los muertos cuando estrenan su tumba.

Si algo puedo oír es la mirada
de un corazón bruñido por la aurora
cuando todo es nocturno
y desde dentro
arde.

JARDÍN DE LA CERCANÍA

¿Dónde está el aroma seductor
de la rosa escarlata
plantada en el jardín
que brilla como el oro
de la felicidad?
MAHVASH SABET

Una parte de mí quiero enterrar
para que se la beban las raíces.
No para ser un tallo
que, por más que se eleve,
siempre ha de pararse en terciopelo
ni en terciopelo quiero transformarme.
Por más que cicatrice el espacio
sus ropas siempre acaban en la tierra
queriendo regresar a las raíces
lo mismo que suicidas reincidentes.
Pero no estoy aquí arrodillada
para entrar en la rueda interminable
ni para obsesionarme con la rosa
igual que el ruiseñor.
Yo quiero que me absorban las raíces
y subir por el tallo hasta la copa
para que esta rosa me conceda
ser parte de lo único que asciende
que sale de este círculo infinito
y se eleva hacia el reino invisible.
Yo le pido a esta rosa con mis lágrimas
que me deje volar en su perfume.

MUNDO DEL TIEMPO

Lo vi en días de luz que no regresa,
pero un niño regresa. Un niño, ahora,
cuida su pata herida junto a una casa blanca,
en el tiempo sin tiempo y en el no de la luz
ANDRÉS SÁNCHEZ ROBAYNA

Único tiempo
sin tiempo
siempre ahora
no ayer
ahora tampoco
ni mañana.
No migas en camino
porque no hay lugar
ni tiempo que recorra
no espacio
no dentro
no fuera.
Aquí.
Aquí no.
Allí.
Allí tampoco.
¿Cómo romper el eje?
Dónde sin donde
cuándo sin cuando
todos, o sea, uno
en todas partes
la misma
ahora,
es decir, siempre
nunca
aún.

No.
Todavía.
No.
Tampoco.

CLARO DEL BOSQUE

El bosque entra en mi cuarto
con sus raíces tiernas
sus aves amarillas horadando la noche
sus guadañas de nubes
y las cáscaras
de una lluvia que sólo
se pudo presentir durante el día.
Así
entra
el bosque
con sus grillos y claros
con sus cálidas manos rociadas de frío
entra
con la luna también y con su savia
con su escalera
entra
pero el cuarto es pequeño y el bosque
necesita romperme las paredes.
No quedan líneas rectas
no queda nadie ya
que le escriba un poema a este bosque
una cama de brisa solamente
y el sueño de unas ramas
que conquistan un cuarto.

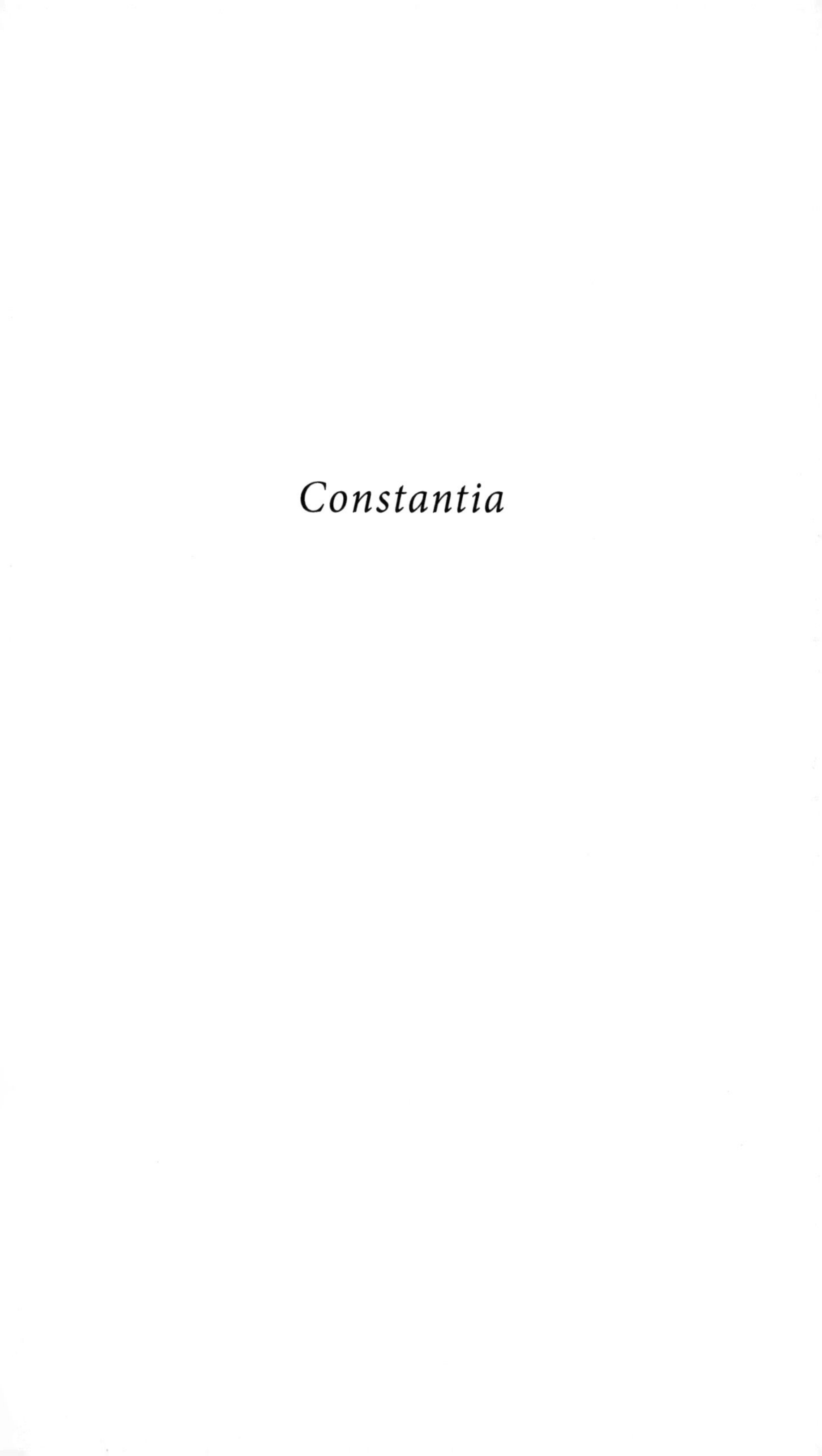

Constantia

GACELA DEL DESIERTO DE LA UNICIDAD

Mis brazos son mentira
son mentira las casas
el fuego es la mentira
y mentira
su luz.
La piel
mentira de los tuétanos.
Solo me queda
el frío y su intemperie.
Pero he de construir
con mis brazos las casas
con el fuego, la luz
con mis huesos, la piel.
Siempre he de construir
por más
ocaso o pértiga:
creer
(creerlo siempre)
creer por sobre todo
que la mentira es ella:
la intemperie
su frío.

AVE MORTAL

La tristeza del parque cuando llueve despacio
los nenúfares lentos
los columpios vacíos
el olor de la tierra
cuando no tiene música
los gritos de los niños que se marchan
—porque siempre se marchan—
el musgo y su mentira:
todos son piezas clave del abismo
que tengo que ahuyentar si es que quiero
ser indemne a la noche.

FUEGO DEL CORAZÓN

Ovillarme.
Concentrar la energía
a través del temblor.
Buscar el nacimiento
en el negror del frío
palparla a tientas:
la llama
aún
no encendida,
saberla,
infundirle la fe.
Después,
dejar que me caliente,
y dejar que ilumine
todo aquello que toque.

PLEGARIA

Las letras, si las canto
se elevan en el cielo y tejen
¿qué tejen?
Crean una mañana
se van haciendo densas
aunque sean invisibles
ellas crecen, se izan
me rodean y cubren
con su colcha de peces luminosos.
Tienen forma de barca
otras, forma de vela
de timón o de pluma.
Hablan cosas
que se contemplan sólo
con los ojos cerrados.
Vuelan, incendian, pulen
secan la escarcha
ordenan
de formas diferentes
siempre cuentan lo mismo:
no está fuera la dicha.

PATRIA DE LOS AMANTES

Porque a veces me pasa.
Que sólo están los cuerpos.
Mi cuerpo, el Tuyo.
No es que sean tampoco
cuerpos exactamente
ni tan siquiera formas o volúmenes.
Son cadencias.
Son humo.
Son una voz que encuentra otra Voz
cuando la noche
quiere acabar con todo.

VALLE DE LA NADA ABSOLUTA

Levanto mi cadáver
—el de mi yo insistente—
lo mismo que la Virgen
elevó a su hijo
inerte entre sus brazos
y lo pongo en la alfombra
sagrada de Tu hogar.

En este velatorio
me derrumbo ante mí.
Me quiero
dejar ir pero me aferra
mi forma.

¿Cómo aceptar que dedos
desgarren carne propia
todavía caliente?
¿Cómo saber que ya no queda vida
para morir en Ti?

¿Y cómo mantener viva la luz
si siempre con la muerte
parecen apagarse las candelas?

Mas tengo tu palabra
debería bastarme.

COLLAR DE LA PALOMA

A las mujeres de Irán

Y que un ser divino esté muriendo siempre.
Y naciendo. Un ser divino;
fuego que se reenciende en su sola luz
MARIA ZAMBRANO

La sangre de granadas
os ofrezco ridícula
luna de mis diluvios
(son otras mis renuncias
en mi mundo de plástico)
y el tiempo de las crías
—por todas las que os han arrebatado—.
En la noche sin forja
podría contar cuentos:
mujeres daltónicas, amores voraces
cerámica rota cosida con sol
son sólo historias mías
que pueden dormitar.

Vosotras no.

Sangran uñas
sogas crecen
puertas tiemblan
gritos callan.

Parece fácil
decir que no,
acabar.

Parece fácil.

Pero
no es posible quedarse
sin paloma en el pecho
se muere de otra forma.
Por eso las palabras
se me ordenan así:
contar las súplicas
mandar misivas
crujir en el mortero mis vocales
sentir el viento
—cómo se lleva el polvo de mi tinta—
que atraviese barrotes:
almizcle en vuestro aire
encerrado.

MORADA DEL PEZ KOI

La carpa que aletea contra el río
tampoco ella sabe si podrá aguantar
muchas más estocadas.
Autómata, resiste, se pregunta:
¿seré merecedora?
¿y si cejo?
Asirse a la costumbre
de la lucha, perseverar
porque un día miró hacia la cascada
y dijo: allí.
Ahora
—el tiempo diluido entre el lecho—
ya no sabe si vale
pero sigue porque lo ha olvidado:
cómo era dormirse en la corriente.
Por eso sólo no.
Sigue mirando arriba
a la estrella de agua
que fulge en la copa
porque siempre le llama
con su voz invisible
y sus branquias se abren
y su pecho se hincha
y su cola sacude el vacío
que crea hasta alzarse
pero no cae en agua vertical
porque vuela;
la carpa ya no es carpa
sino un dragón dorado.

CONFERENCIA DE LOS PÁJAROS

Dejo todos mis asuntos en Tus manos.
Tú eres mi guía y mi refugio
BAHÁ'U'LLÁH

Soy hoja en Tu corriente
gota en Tu mar
¿puedo tener entonces
mis propios movimientos?
¿Y para qué mis alas? Di ¿por qué?
Un peso en mí se hunde
¿me arrastra hacia las flores más sombrías?
Me atrapo en el cieno
comparto con las aves
su agonía privada
al ahuecar mi corazón opaco.
Y las palabras ¿dónde?
Los trazos se han perdido
no queda más que el punto:
el ojo de otra Ave en que me observo.
Mi vocación celeste
no me deja rendir mi ala al polvo
ni me queda otra ruta
que este camino hacia la transparencia.

UNIFICATIO

CONSTANTIA

Esta obra
se acabó de imprimir
con los auspicios de
Charo Fierro y
Antonio J. Huerga, editores.

FINIS CORONAT OPUS